AF459823

RIOUST DE VILLAUDREN

BATAILLE DE SAINT-CAST 1758

L. DUPLAIS

RIOUST DE VILLAUDREN

BATAILLE DE SAINT-CAST 1758

C'est dans les grands dangers
qu'on voit les grands cœurs.
RÉGNIER.

PARIS

EN VENTE : CHEZ L'AUTEUR

6, PASSAGE DE L'INDUSTRIE
(Boulevard de Strasbourg)

1887

MÉDAILLE DE BRONZE

au Concours de la

SOCIÉTÉ LITTÉRAIRE ET ARTISTIQUE « *La Pomme* »

1886

A mon filleul LÉON FEBVRET

Courage et dévouement,
Voilà, mon cher enfant,
Pour toi, ce que j'envie
Au réveil de la vie.

RIOUST DE VILLAUDREN

Dès les premiers jours d'août 1757, la France, qui se trouvait alors en pleine guerre de Sept ans (1), apprit que l'Angleterre armait, dans la rade de Portsmouth, une flotte assez considérable destinée à venir débarquer sur les côtes. Les Anglais ne craignaient pas de dire que l'armée française, qui venait de souffrir de cruels revers dans l'Inde, au Sénégal et au Canada, devait être épuisée et osèrent, croyant le moment favorable, diriger leurs incursions sur le sol de cette pauvre France qui, malgré les fatigues, n'a jamais été et ne sera jamais vaincue que par trahison et félonie.....

(1) De 1756 à 1763.

Leur escadre arriva sur les côtes de Bretagne et de Normandie vers le mois de septembre, mais la bonne garde qu'elle y trouva ne lui laissa même pas l'espérance de tenter une attaque avantageuse ; elle cingla alors vers celles du Poitou et de l'Aunis. Là, les îles de Ré et d'Oléron (1) lui en défendirent les approches ; l'ennemi retourna donc dans sa patrie, l'écume aux lèvres et la rage dans le cœur. L'année suivante, altérés par la soif de la vengeance, ils formèrent deux flottes plus nombreuses que la première. Le commandement supérieur en fut donné à Lord Anson, ayant sous ses ordres les amiraux Hauvke et Knowles. Le duc de Marlborough avait le commandement de l'armée de terre. L'une des deux flottes prit la route d'Amérique et l'autre se dirigea en droite ligne sur Saint-Malo.

Ils opérèrent leur débarquement à Cancale, le 4 juin, malgré les efforts inouïs de M. de Landal,

---

(1) Les habitants de ces deux îles se défendirent avec un courage héroïque. Cent vingt femmes combattirent avec leurs maris, pendant que les vieillards et les enfants travaillaient aux fortifications.

commandant de la milice garde-côte, qui ne put s'y opposer par le petit nombre d'hommes qu'il avait sous ses ordres, et formèrent tranquillement leur camp entre le bourg, la falaise et la Houle, passèrent la journée du lendemain à brûler les maisons qui les gênaient, en crénelèrent d'autres, abattirent des arbres et perfectionnèrent si bien leur camp, que nos ingénieurs n'y trouvèrent, quelques jours plus tard, pas une seule disposition qui ne fût digne d'éloge.

Le 7, ils se portèrent sur Paramé et Saint-Servan, où le duc de Marlborough avait établi son quartier général. Croyant la ville de Saint-Malo beaucoup plus défendue qu'elle ne l'était réellement, il fit faire une descente à Cherbourg. Cette tentative ne fut point, malgré le mal qu'elle fit à la province et les quelques prisonniers qu'ils emmenèrent, considérée comme une victoire, et s'ils rentrèrent dans Portsmouth, ce ne fut que pour s'y ravitailler et en ressortir quelques semaines plus tard avec une escadre formée de neuf cents voiles. Ce fut le 3 septembre, au matin, qu'ils furent signalés à six lieues au large du cap Fréhel, et le soir, la flotte ennemie mouilla devant l'île Agot, à cinq milles à l'ouest de Saint-Malo et à une lieue par l'est du château de la Latte.

*

Le 4, à dix heures du matin, une partie de la flotte entra dans l'anse de Saint-Briac, deux frégates s'embossant canonnèrent la plage déserte ; huit mille hommes, deux cents chevaux, deux cents dragons à cheval et l'infanterie campèrent au bas de la montagne *Garde-Guérin ;* de fortes reconnaissances s'avancèrent jusqu'à la pointe de Dinard et se retirèrent le soir. Six corsaires de Saint-Malo et la frégate du roi la *Renoncule* défendirent l'entrée de la rivière la Rance. On supposait qu'ils avaient projeté de s'emparer de la pointe de la Cité, afin d'y établir des batteries pour bombarder Saint-Malo.

Dans la nuit du 4 au 5, les Anglais incendièrent vingt-deux barques de pêcheurs et plusieurs maisons de Saint-Briac, puis ils dirigèrent leur avant-garde sur Lamballe, qui arriva le 7 au Guildo (1). M. le duc

(1) Hameau de la commune de Créhen. Au siècle dernier, les ruines de son château servaient d'asile aux amoureux, d'où vient l'origine de : *courir le Guildo,* dont la prononciation a dégénéré en *Guildou* et se dit actuellement *Guilledou.* C'est dans ce château que fut arrêté, en 1446, l'infortuné prince Gilles de Bretagne, par ordre de son frère le duc François Ier.

d'Aiguillon(1) se trouvait à Saint-Matthieu près Brest et ne fut informé que le 5 seulement de la présence des Anglais ; il ne put donc organiser aussi promptement qu'il aurait fallu, les forces nécessaires pour soutenir la lutte.

De villages en villages le tocsin sonnait, et les Bretons, pleins de courage, s'armaient pour courir sus à l'ennemi, défendant leur patrie, leurs familles et leurs biens.

Le 6 et le 7, les vaisseaux ne remuèrent que pour éviter les courants et les mauvais mouillages. Pendant ce temps, le duc d'Aiguillon expédiait des courriers aux commandants des différents corps de la province, pour qu'ils eussent à faire avancer leurs troupes, — à l'exception de celles de Belle-Isle, Lorient, le Port-Louis et la garnison des gardes-côtes du comté Nantais. — Seul, le régiment de de Talaru resta à Brest avec un bataillon de la marine et cinq gardes-côtes. Mais l'ennemi arrivait à grands pas. Le 6, les troupes suivant l'avant-garde

---

(1) Né en 1720, mort en 1782. Gouverneur de la Bretagne, il fit persécuter La Chalotais. En 1771, comme successeur d Choiseul, il laissa consommer le partage de la Pologne et fut disgracié à l'avènement de Louis XVI.

pillaient, brûlaient et violaient tout sur leur passage ; ils mirent en cendres la dixme de M. Hardy, recteur de Saint-Briac, et le forcèrent d'abandonner sa paroisse ; quarante maisons furent livrées aux flammes et plus de vingt barques furent incendiées. M. Frère, recteur de Trégnon, subit le même sort que M. Hardy. MM. le baron de Pontual, de la Ménardais, Lesquen, de la Villées-Comte, gentilshommes du canton, ainsi que M. de Courville, furent traités de la même manière.

Le vendredi matin, ils vinrent à Saint-Jacut, envahirent la communauté qui ne fut préservée qu'en les laissant se gorger de vin et de victuailles ; à midi, ils descendirent au Guildo, et les Carmes, les ayant reçus de même, eurent un égal succès. Ils comptaient déjà sur une victoire complète, et plus d'un rêvait au bonheur de piller la riche cité des corsaires, quand un noble cœur, Rioust de Villaudren, à la tête de cent braves volontaires de Matignon, tous plus déterminés les uns que les autres, empêchèrent à trois reprises différentes, et pendant vingt-quatre heures, l'armée anglaise de passer le Guildo. Postés dans les maisons du port et derrière les murs d'un jardin situé le long de l'Arguenon, ils firent de tels prodiges de valeur que, s'il ne s'était pas trouvé un traître pour les dénoncer, l'ennemi aurait une fois de plus abandonné ses projets, tandis que, fixés sur la faiblesse de leur nombre, ils débarquèrent joyeux en contemplant le sang des héros qui coulait à flots sur le sol sacré de la patrie !...

Honneur à Rioust de Villaudren et à ses courageux compagnons ! S'ils n'ont pas plus longtemps trompé l'ennemi, ils ont donné une latitude nécessaire pour organiser la résistance, et ils méritent une large part dans le souvenir attaché à la bataille de Saint-Cast. Ce fut donc pour quelques pièces d'or que le perfide Grumellon, — de la paroisse de Saint-Lormel, — conduisit l'ennemi vis-à-vis Sainte-Brigitte.

Ils profitèrent de la mer basse et se rendirent sur les confins de Saint-Cast, par la grève de Quatrevaux; sitôt passés, ils remontèrent au Guildo, espérant pouvoir tuer quelques-uns de ceux qui leur avaient fait résistance la veille, mais ils n'y trouvèrent plus qu'un ancien capitaine de paroisse, Villoren-Grumellon, oncle du traître, et un sourd qu'ils passèrent à la baïonnette ; dans leur fureur, ils incendièrent trente et une maisons. Le reste de leur journée fut employé à voler, tant à Beaulieu qu'à Galiné, où ils brisèrent tous les meubles, vidèrent les tonneaux de vin et de cidre et tuèrent quatre hommes.

Le 8, à trois heures du matin, ils battirent la générale; à sept heures, ils baissèrent leurs tentes et restèrent en bataille, à la tête de leur camp, jusqu'à midi ; se reployant alors sur leur droite, ils allèrent camper à Saint-Jacut, appuyant la droite de leur nouveau camp à la rivière du Guildo et la gauche au marais Drouët.

Malgré la présence de l'ennemi, M. Le Moine, curé de Saint-Cast, dit sa messe à dix heures et demie, à laquelle assistèrent MM. Claude-François Tourneuf, procureur; Jean Bouton, Mathurin Hermon, Jean Ruault, demoiselle Jeanne Lequéret, veuve du sieur Légué, procureur du présidial de Rennes, et cinq autres femmes.

Les troupes du duc d'Aiguillon arrivaient à marche forcée; toutes celles disponibles sur la ligne de Lamballe, Jugon et Dinan essayèrent d'enfermer l'ennemi entre la Rance et la baie de Saint-Brieuc. Arrivé à Lamballe, il établit son quartier général à Plancoët, avec deux escadrons de Marbœuf et deux cents gardes-côtes. Il ne se trouvait plus qu'à dix kilomètres de l'ennemi.

De là, il envoya un escadron de dragons, aux ordres de M. d'Aubigny, pour occuper Dinan, qui était le point de rassemblement d'une colonne de troupes.

Dans cette ville se trouvaient aussi des vivres et des munitions. Ils ne venaient que d'arriver quand ils aperçurent quelques détachements anglais sur la rive droite du Guildo. Cinq cents gardes-côtes, établis sur la rive gauche, firent feu, et quoique n'ayant tué personne, les Anglais furent effrayés; croyant avoir affaire à une tête de troupe nombreuse, ils n'osèrent avancer et se replièrent sur leur camp, brûlant toutes les maisons du village sur la rive droite de la rivière. De Dinan, M. d'Aubigny reçut l'ordre de se porter à Plouer avec le régiment de Brie, le premier bataillon des volontaires, un de Marmande, trois de gardes-côtes et deux escadrons de Marbœuf. M. de Polignac avança jusqu'à Pleurtuit avec un fort détachement; M. de Beon, lieutenant-colonel du régiment de Boulonnais, sortit de Saint-Malo avec un détachement de cinq cents hommes pour se porter sur Ploubalay à la droite de M. de Polignac et à la gauche de l'ennemi.

Le 9, au matin, les Anglais traversèrent le Guildo et vinrent camper entre Saint-Jeguhel et le bois du

Val. Le troisième bataillon des volontaires entra dans Plancoët et M. de Saint-Pern fut détaché pendant la nuit avec six cents hommes pour occuper Saint-Potan et éclairer la marche de l'ennemi.

Le 10, à quatre heures du matin, ils vinrent camper entre Matignon et Montbran. M. de Balleroi arrivait à Hénon, ayant sous ses ordres les régiments de Querci, de Bresse, de Brissac et de Bourbon. Le régiment de Boulonnais, le bataillon de Fontenay-le-Comte et deux des gardes-côtes, sous le commandement de M. d'Aubigny, passèrent le Guildo. Pendant ce temps, M. le duc d'Aiguillon, avec un fort détachement, se portant sur Matignon, tourna l'ennemi par leur gauche et marcha sur Saint-Potan, où il mit aux ordres de M. de Broc huit compagnies de grenadiers, douze piquets et deux cents dragons. M. d'Aubigny, vers les quatre heures du soir, arriva avec sa division par la droite de l'ennemi et ne se trouvait séparé de leur camp que par une haie donnant d'un côté sur un grand chemin et de l'autre sur le pré où ils campaient. Les Anglais n'avaient aucune patrouille, ni aucun corps de garde avancé. On distinguait parfaitement une grande partie des hommes, les uns couchés, les autres faisant cuire leurs aliments. Les chevaux se reposaient dans le bas de la prairie.

A la vue d'une troupe si nombreuse, M. d'Aubigny jugea sa situation trop faible et, n'ayant aucun ordre pour attaquer, il se contenta d'établir ses troupes par échelons à droite et à gauche du grand chemin pour s'assurer une retraite en cas d'attaque et se replia sur la droite de Saint-Potan. Le reste des troupes fut établi à Plunduno. Le régiment royal des vaisseaux arriva dans la nuit à Hénon, avec une division d'artillerie. Ce fut M. de Broc qui, avec un détachement de trois cents hommes, surveilla l'ennemi pendant cette nuit (1). A la première heure du jour, il s'aperçut que les Anglais commençaient leur retraite et qu'ils travaillaient au rembarquement de leurs troupes dans l'anse de Saint-Cast. Il prévint à la hâte le duc d'Aiguillon qui fit venir les troupes d'Hénon, de Saint-Potan et de Plunduno; elles arrivèrent au pas de course sur les hauteurs de Saint-Cast. Neuf heures sonnaient. La flotte ennemie était

(1) Les gardes-côtes de Dol et de Tréguier, ayant perdu le fil de la colonne, se rencontrèrent vers minuit et s'étant pris mutuellement pour des ennemis, se tuèrent cinquante à soixante hommes.

en ligne et les chaloupes travaillaient au rembarquement. Dans le fond de l'anse, sur la plage, se trouvait l'arrière-garde ennemie composée de trois cents hommes. Dès que notre infanterie fut aperçue sur la montagne, sept frégates et quatre bombardières embossées le plus près de terre qu'il avait été possible, commencèrent un feu très vif qui nous tua peu de monde, parce que les boulets, tirés à toute volée, s'enfonçaient dans la terre grasse avant d'éclater. Nos troupes essuyèrent ce feu pendant une demiheure, attendant l'arrivée des canons qui suivaient nos régiments. Les huit premiers (1) rendus furent mis en batterie, sous les commandements de MM. d'Urtuby et de Villepatour; ils agirent avec une telle promptitude qu'ils retinrent l'ennemi dans les retranchements. M. le duc d'Aiguillon voulait les attaquer à la fois par la droite, la gauche et le centre. MM. d'Aubigny, de Balleroi et de Broc avaient reçu des instructions en ce sens; mais, soit que ces deux derniers n'aient point trouvé de défilé,

(1) Si les douze pièces parties de Saint-Malo le 7 n'avaient pas rencontré de si mauvais chemins et eussent pu arriver à temps, plusieurs vaisseaux ennemis auraient été coulés.

ou que M. d'Aubigny ait jugé sa colonne capable d'enfoncer l'ennemi, la gauche seule donna ; arrivés dans la nuit au village de Saint-Cast, par un chemin coupé, ils débouchèrent les premiers par un défilé qui ne comportait que trois hommes de front. Tout en essuyant un terrible feu des vaisseaux, ils gagnèrent une petite dune produite par l'inégalité du terrain, derrière laquelle ils se formèrent, voyant qu'il n'était pas possible de franchir près d'une demi-lieue de grève plate sous les vaisseaux pour aller attaquer l'ennemi. Ce fut à ce moment que la valeur de M. d'Aubigny n'eut d'égale que celle de la Tour-d'Auvergne. Pleins de courage et d'intrépidité, ils animèrent leurs troupes, et d'accord avec le brave colonel des Boulonnais, il prit la tête de l'attaque, et courant aux volontaires qui en formaient le front : « Allons, messieurs, leur cria-t-il, donnez l'exemple à ces gens-là. »

Une immense clameur s'élève, les volontaires courent aux retranchements, les grenadiers les suivent, se mêlent avec eux, reçoivent les feux de l'artillerie et de la mousqueterie de terre. Là, ils font une courte halte pour attendre trois compagnies de grenadiers.

Un officier anglais, l'épée à la main, prenant ces quelques minutes d'arrêt pour un moment de découragement, les provoqua en leur criant : « *Avancez donc, canailles! avancez donc, lâches!...* »

Le feu continuait toujours, les compagnies rendues le redoublèrent et répondirent à l'insulte par ces mots : « *Victoire! Vive le roi!* » Ils coururent aux retranchements avec les baïonnettes et épouvantèrent si bien l'ennemi que, dans sa fuite, il jetait bas les armes en criant : « *Miséricorde, brave France!* » Et chacun chercha à se sauver, soit en gagnant la pointe de l'anse où étaient les chaloupes, soit en se jetant à la mer pour regagner les vaisseaux à la nage. Trois étendards flottèrent dans les retranchements : deux de Boulonnais et un de Brie. Les Anglais qui n'avaient pu sortir de leur retraite se jetaient aux genoux de nos braves, qui les auraient épargnés si les vaisseaux ennemis n'avaient continué de tirer à mitraille dans nos rangs. M. d'Aubigny donna l'ordre de faire des prisonniers. De trois barques qui cherchaient à regagner la flotte, deux coulèrent par leur charge, et ce fut à la nage que nos soldats ramenèrent la troisième.

Des trois mille Anglais qui étaient à terre, aucun ne regagna les vaisseaux. Douze cents furent tués dans les Mielles (1), huit cents périrent dans l'eau, et les autres, parmi lesquels se trouvait, au nombre des officiers, lord Cavendish, furent faits prisonniers. L'élite des troupes du roi d'Angleterre fut détruite dans ce combat, et les Français ainsi que la noblesse bretonne ont signalé leur zèle et répandu une fois de plus leur sang pour la défense et la gloire de la Patrie!...

Ils combattirent huit mille contre quatorze mille.

Dès les premiers cris de victoire, MM. Maurice, curé de Saint-Pern, et Le Moine, curé de Saint-Cast, assistés de leurs desservants, descendirent dans les Mielles et prodiguèrent aux blessés et aux moribonds les consolations de leur ministère.

L'anse de Saint-Cast fut longtemps appelée le cimetière des Anglais (2).

Après la bataille, les officiers ennemis se reconnaissaient à un singulier insigne : ils étaient complètement nus. Ces grossières représailles furent

---

(1) C'est ainsi que se nomme l'endroit où la bataille a eu lieu.

(2) C'est tout près de ce lieu que furent inhumés, en 1833, les cholériques du village de l'Isle.

faites par les soldats de Boulonnais en souvenir de trois hommes de ce régiment faits prisonniers lors de la descente du duc de Marlborough à Cancale, et que les Anglais avaient promenés nus dans les rues de Londres, exposant ainsi aux huées de la populace l'infortune des victimes du Devoir...

Plus généreux, les officiers français donnèrent ce qu'ils purent de vêtements aux vaincus, et le duc d'Aiguillon leur fit distribuer de l'argent; mais il leur refusa la liberté, disant qu'il était de toute justice qu'à leur tour ils fissent une promenade en France.

Pendant les deux heures et demie que dura le combat, le duc se tint au moulin de Sainte-Anne, ce qui fit dire à M. de la Chalotais qu'il s'était couvert de farine (1).

Parmi les braves, il faut citer MM. Blanchard et Harcouët, tous deux de Dinan : l'un médecin, l'autre

---

(1) Cette plaisanterie fut expiée bien cher par son auteur, qui, devenu l'objet de la haine du duc, lui fit subir toutes les horreurs de sa vengeance. Après avoir passé de la prison de Saint-Malo à celle de Saintes, de la Chalotais mourut à Rennes, le 12 juillet 1785, épuisé par la lutte, mais vainqueur de son ennemi.

tapissier. Le premier, avec plusieurs de ses jeunes compatriotes, pria le capitaine des grenadiers de Boulonnais de lui accorder la permission de remplacer, comme volontaire, le premier de ses hommes qui serait tué. Il avait à peine formulé sa demande que les boulets ennemis vinrent ouvrir dans les rangs des grenadiers la place qu'il sollicitait. Saisissant les armes du soldat, il combattit avec héroïsme pendant toute l'action. Le second se distingua également dans le commandement d'une compagnie de canonniers gardes-côtes. Quand les États de Brest voulurent les récompenser, ils offrirent à M. Blanchard une pension de deux cents livres. Celui-ci la refusa en disant que, né pour servir son pays, il était trop heureux d'avoir contribué à la défaite de ses ennemis. La croix de Saint-Louis fut la récompense qu'on voulut décerner à M. Harcouët, mais c'était à la condition qu'il abandonnerait le commerce. Aussi bon travailleur qu'habile combattant, M. Harcouët ne voulut pas quitter une industrie qui lui procurait de l'aisance et préféra refuser; il reçut en échange une pension de cent livres qu'il conserva jusqu'à sa mort.

Beaucoup de versions furent faites sur cette glorieuse journée. Je n'en veux relever qu'une, celle d'Ogée. Cet historien prétend qu'au moment où les Anglais se virent pris, ils se jetèrent à genoux et *se couvrirent de chapelets*, espérant ainsi obtenir miséricorde; mais, ce que cet auteur a oublié de démontrer, c'est de quelle manière ces hérétiques ont pu se procurer une telle quantité de rosaires, juste au moment de leur déroute.

Bon nombre de Malouins combattirent à Saint-Cast, plusieurs y furent tués et blessés. C'est en leur souvenir que le chapitre de Saint-Malo a fondé un service annuel.

Et, chaque année, le 11 septembre, une procession a lieu dans la paroisse de Saint-Cast, en actions de grâces de la victoire remportée sur l'armée anglaise.

Le nombre total de nos pertes fut de trois cent quatre-vingt-deux hommes.

Parmi les blessés se trouvaient :

MM. le comte de la Tour-d'Auvergne (1).
le marquis de Cucé (2).

---

(1) Un os de la jambe cassé.

(2) Trois coups de fusil, au menton, à la cuisse et à l'épaule.

MM. du Bois de la Motte.
de Robieu.
de Kerguezec.
le marquis de Montaigu.
le chevalier de Redmond (1).
le marquis de la Châtre (2).
de la Brétonnière (3), gouverneur de Dinan.

ROYAL DES VAISSEAUX

MM. de la Camorgue (4), aide-major.
le marquis du Poët, capitaine de grenadiers.
le chevalier de la Tour-du-Pin, capitaine.
de Montgiron, capitaine en second.
de Maisonrouge, capitaine en second.
Delpals, lieutenant.
de la Chaume, lieutenant.

---

(1) Une contusion à la main.
(2) Une contusion à la main.
(3) Une jambe cassée.
(4) Une contusion au côté.

RÉGIMENT DE BOURBON

MM. de Mansini, capitaine, aide-major.
de Vaux, capitaine.
de Raoul, lieutenant.

Le régiment de Brissac eut trois hommes tués et sept blessés. Dans le corps des volontaires, MM. de Carrière, d'Hanozel et d'Hostat furent blessés; les bataillons de Fontenay-le-Comte et de Marmande furent épargnés.

Le 27 décembre suivant, les États de Bretagne, assemblés à Saint-Brieuc, firent, sur la proposition de M. de la Bourdonnais, frapper une médaille (1) pour perpétuer le souvenir de la glorieuse journée

---

(1) Elle représente la tête du roi, avec la légende ordinaire: Ludovico XV Fr. et Nav. Regi. A l'exergue: *Comita Armorica.* Au revers, un palmier. A droite, la Bretagne avec l'écusson de ses armes à ses pieds, tenant une épée à la main droite; de la gauche, elle attache au palmier un bouclier où on lit ces mots: *Virtus ducis et militum.* A gauche, Mars, tenant la foudre d'une main et de l'autre un bouclier sur lequel sont gravés: *Virtus nobilitatis et populi armoricini.* Pour légende: *Anglis ab Aiguilonio duce profligatis.* Exergue: *Ad Sanctum Castum M-DCC-LVII.*

de Saint-Cast : « Laquelle médaille, dit le rapport, sera en *bronze*, sans qu'il n'y en ait aucune en or, ni argent, attendu les misères de la province. » Une somme de quinze mille francs fut votée pour douze mille de ces médailles, et douze cents francs furent alloués à titre d'indemnité au dessinateur Ozanne, qui présenta aux États une estampe gravée de la bataille de Saint-Cast.

A l'occasion de cette victoire, le roi de France écrivit une lettre au clergé de Paris, pour que des actions de grâces fussent adressées au ciel. En voici les principaux passages :

LETTRE DE LOUIS XV

« L'esprit de modération et d'équité qui a carac-
« térisé toutes mes démarches, n'ayant pas inspiré
« des sentiments de conciliation aux ennemis qui
« m'avaient forcé à prendre les armes, ils n'ont
« écouté que leur animosité pour exécuter le projet
« d'envahir le commerce de toutes les nations de
« l'Europe, qu'ils veulent exercer avec un despotisme
« absolu et exclusif sur toutes les mers ; s'épuisant
« eux-mêmes volontairement dans l'espoir de me

« nuire, ils ont soudoyé des armées nombreuses,
« pour diviser mes forces ; ils ont armé des flottes
« immenses, non seulement pour attaquer mes pos-
« sessions en Amérique, mais aussi pour venir fon-
« dre sur mon royaume.

« Le Dieu de paix, de justice et de vérité, qui juge
« les nations et les rois, n'a pas permis que ces
« formidables apprêts fussent suivis du succès que
« mes ennemis osaient en espérer. Les événements
« de la guerre qu'ils ont excitée dans toutes les parties
« du monde, ont été jusqu'à présent balancés par
« les vicissitudes qui sont l'apanage des choses
« humaines et par lesquelles Dieu semble vouloir
« inspirer à tous les princes le désir de la paix.
« Mes armes, victorieuses dans la Hesse, ont éprouvé
« des revers dans d'autres provinces du royaume, et
« le sort des opérations militaires a subi les mêmes
« variations en Amérique ; mais, dans ce qui a direc-
« tement rapport aux intérêts essentiels et à la tran-
« quillité de la France, la faveur divine sur ce
« royaume a paru se marquer manifestement et
« demande des actions de grâces particulières.

« C'est pourquoi... »

« *Signé :* Louis. »

Le pays tout entier célébra la gloire des vainqueurs, et parmi les chansons qui furent composées en l'honneur du duc d'Aiguillon, je cite celle d'Aufresne, qu'il chanta sur le théâtre de Lyon :

Pour chanter un héros,
Faut-il avoir de l'esprit ?
L'aveu d'un bon soldat
Vaut mieux qu'un bel écrit.
Je chante d'Aiguillon,
Qui d'la France est l'appui.
Il ressemble à son oncle :
On dirait que c'est lui.

Tous deux également
Des Anglais la terreur,
Par les plus grands exploits
Signalent leur valeur :
Richelieu de Mahon
Déloge les Anglais,
Et l'autre à Saint-Malo
Rend vainqueurs les Français.

En 1820, les habitants de Matignon et de Ploubalay présentèrent une pétition au gouvernement pour faire élever sur le champ de bataille de Saint-

Cast un monument commémoratif. Ce ne fut que trente-huit ans après, pour la fête du centenaire, qu'il fut fait droit à leur demande. Une colonne de granit (1), haute de dix-huit mètres, au sommet de laquelle est un groupe allégorique symbolisant la France sous la forme d'un lévrier terrassant le léopard d'Angleterre, a été érigée le 11 septembre 1858.

Plusieurs salves d'artillerie ont annoncé la cérémonie de l'inauguration, qui s'est terminée au milieu des jeux et à la plus grande satisfaction des vaillants Bretons. Un poète des plus distingués, M. de la Villemarqué, a conservé, dans le dialecte de Cornouaille, le souvenir de cette célèbre victoire; en voici deux stances :

Er bloavez-ma mil-ha-seiz-kant
Hag eiz ouspem hag hanter-kant,
D'aun eil lun a viz gwengolo,
Oa trec' het ar Zozon er vro.

Er bloavez-ma, evel a gent,
Ema int bet laket eun ho hent.
Evel eur bar grizil er mor,
Ar Zozon, bepred, eun Armor.

---

(1) Œuvre de M. Bougerel, architecte de Nantes. Elle a été bénie par M. l'abbé Prud'homme, vicaire général capitulaire.

« En cette année mil sept cent cinquante-huit, le second lundi de la paille blanche (septembre), les Anglais ont été vaincus dans ce pays.

» En cette année, comme devant, ils ont été mis au pas. Toujours comme la grêle dans la mer (fondue) les Anglais en Bretagne. »

1095 PARIS. — IMPRIMERIE CHARLES BLOT, RUE BLEUE, 7.

DU MÊME AUTEUR

Poésies . . . . » 50

Progrès de la littérature en Saintonge . . . . » 50

Les Figures maritimes (Célébrités rochefortaises) 4 »

L'Amiral Duplex . . . . 1 »

Olivier Basselin. . . . . 1 »

POUR PARAITRE PROCHAINEMENT

Bretagne et Bretons.

PARIS. — IMPRIMERIE CHARLES BLOT, RUE BLEUE, 7.

www.ingramcontent.com/pod-product-compliance
Ingram Content Group UK Ltd.
Pitfield, Milton Keynes, MK11 3LW, UK
UKHW020515180726
13839UKWH00005B/2108

9 782329 455143